大方廣佛華嚴經 讀誦

10

🪷 일러두기

1. 『독송본 한문·한글역 대방광불화엄경』은 실차난타가 한역(695~699)한 80권 『대방광불화엄경』의 한문 원문과 한글역을 함께 수록한 것이다. 한문에는 음사와 현토를 부기하였다.

2. 원문의 저본은 고종 2년(1865) 월정사에서 인경한 고려대장경 『대방광불화엄경』에 한암 스님이 현토(1949년)한 것을 범룡 스님이 영인 출판(1990년)한 『대방광불화엄경』이다.

3. 한문은 저본에서 누락되었거나 글자가 다르다고 판단된 부분은 저본인 고려대장경 각권의 말미에 교감되어 있는 내용을 중심으로 하고 봉은사판 『대방광불화엄경수소연의초』와 신수대장경 각주에서 밝힌 교감본을 참조하여 보입하고 수정하였다.

4. 한글 번역은 동국역경원에서 발간한 한글 『대방광불화엄경』(운허)을 중심으로 하고 『신화엄경합론』(탄허)과 『대방광불화엄경 강설』(여천무비) 그리고 최근의 여타 번역본 등을 참조하였다.

5. 저본의 원문에서 이체자의 경우 훈글이 제공하는 이체자는 그대로 살리고 훈글이 제공하지 않는 글자는 통용되는 정자로 바꾸었다. 예) 間 → 間 / 焰 → 燄 / 宫 → 宮 / 偁 → 稱

6. 한글 번역은 독송과 사경을 위하여 정확성과 아울러 가독성을 고려하였다. 극존칭은 부처님과 불경계에 대해서만 사용하였다.

7. 독송본의 차례는 일러두기 → 본문 → 화엄경 목차 → 간행사의 순차이다.
(법공양판에는 간행사 다음에 간행불사 동참자를 밝혀 두었다.)

8. 독송본의 한글역은 사경의 편의를 도모하기 위해 그 편집을 달리하여 『사경본 한글역 대방광불화엄경』으로 함께 간행한다. 독송본과 사경본 모두 80권 『대방광불화엄경』의 권별 목차 순으로 간행한다.

독송본 한문 · 한글역

대방광불화엄경 제10권

大方廣佛華嚴經 卷第十

5. 화장세계품 [3]

華藏世界品 第五之三

실차난타 한역
수미해주 한글역

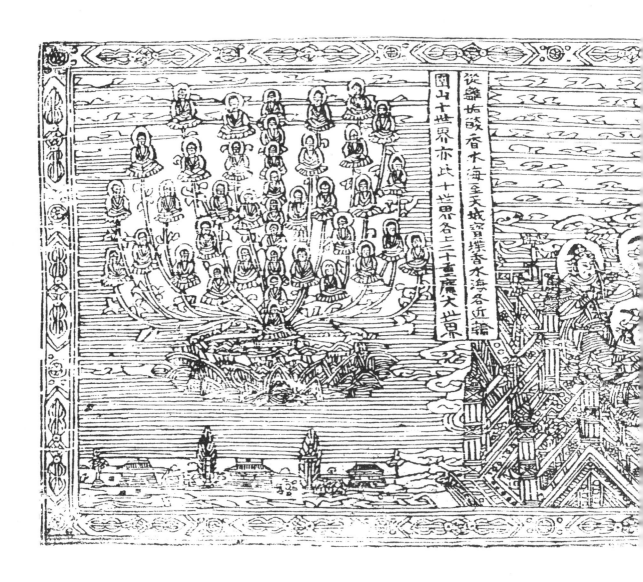

従離垢燄香水海每至天城實樂株香水海各近輪
圍山十世界亦此十世界各上二十重三廣大世界

大方廣佛華嚴經第十卷變相

華藏世界品第五之三

대방광불화엄경 제10권 변상도

대방광불화엄경

제10권

5. 화장세계품 [3]

대방광불화엄경 권제십
大方廣佛華嚴經 卷第十

화장세계품 제오지삼
華藏世界品 第五之三

이시 보현보살 부고대중언
爾時에 **普賢菩薩**이 **復告大衆言**하시니라

제불자 피이구염장향수해동 차유향수
諸佛子야 **彼離垢燄藏香水海東**에 **次有香水**

해 명변화미묘신 차해중 유세계종
海하니 **名變化微妙身**이요 **此海中**에 **有世界種**하니

대방광불화엄경 제10권

5. 화장세계품 [3]

그때에 보현보살이 또 대중들에게 말씀하였다.

"모든 불자들이여, 저 이구염장 향수해 동쪽에 다음 향수해가 있으니 이름이 변화미묘신이고, 이 바다 가운데 세계종이 있으니 이름

명선포차별방
名善布差別方이니라

차유향수해　　　명금강안당　　　세계종　　명장
次有香水海하니　名金剛眼幢이요　世界種은　名莊

엄법계교　　　　차유향수해　　　명종종연화묘
嚴法界橋이니라　次有香水海하니　名種種蓮華妙

장엄　　　세계종　　명항출시방변화
莊嚴이요　世界種은　名恒出十方變化니라

차유향수해　　　명무간보왕륜　　　세계종　　명
次有香水海하니　名無間寶王輪이요　世界種은　名

보련화경밀운　　　차유향수해　　　명묘향
寶蓮華莖密雲이니라　次有香水海하니　名妙香

염보장엄　　　세계종　　명비로자나변화행
燄普莊嚴이요　世界種은　名毗盧遮那變化行이니라

차유향수해　　　명보말염부당　　　세계종　　명
次有香水海하니　名寶末閻浮幢이요　世界種은　名

이 선포차별방이다.

다음 향수해가 있으니 이름이 금강안당이고, 세계종은 이름이 장엄법계교이다.

다음 향수해가 있으니 이름이 종종연화묘장엄이고, 세계종은 이름이 항출시방변화이다.

다음 향수해가 있으니 이름이 무간보왕륜이고, 세계종은 이름이 보련화경밀운이다.

다음 향수해가 있으니 이름이 묘향염보장엄이고, 세계종은 이름이 비로자나변화행이다.

다음 향수해가 있으니 이름이 보말염부당이

제불호념경계　　　차유향수해　　　명일체색
諸佛護念境界이니라 次有香水海하니 名一切色

치연광　　　세계종　　　명최승광변조　　　차유
熾然光이요 世界種은 名最勝光徧照이니라 次有

향수해　　　명일체장엄구경계　　　세계종　　명
香水海하니 名一切莊嚴具境界요 世界種은 名

보염등
寶燄燈이니라

여시등불가설불찰미진수향수해　　　기최근
如是等不可說佛刹微塵數香水海에 其最近

윤위산향수해　　　명파려지　　세계종　　　명상방
輪圍山香水海는 名玻瓈地요 世界種은 名常放

광명　　　이세계해청정겁음성　　　위체
光明이니 以世界海淸淨劫音聲으로 爲體하니라

고, 세계종은 이름이 제불호념경계이다.

다음 향수해가 있으니 이름이 일체색치연광이고, 세계종은 이름이 최승광변조이다.

다음 향수해가 있으니 이름이 일체장엄구경계이고, 세계종은 이름이 보염등이다.

이와 같이 말할 수 없는 부처님 세계 미진수의 향수해가 있는데, 그 윤위산에 가장 가까운 향수해는 이름이 파려지이고, 세계종은 이름이 상방광명이며, 세계해의 청정한 겁의 음성으로 체성이 되었다.

차중최하방　유세계　　명가애락정광당
此中最下方에 有世界하니 名可愛樂淨光幢이라

불찰미진수세계　　위요　　순일청정　　　불
佛刹微塵數世界가 圍遶하야 純一淸淨하니 佛

호　　최승삼매정진혜
号는 最勝三昧精進慧이시니라

차상　　과십불찰미진수세계　　여금강당세
此上에 過十佛刹微塵數世界하야 與金剛幢世

계　제등　　유세계　　명향장엄당　　십불
界로 齊等하야 有世界하니 名香莊嚴幢이라 十佛

찰미진수세계　　위요　　순일청정　　불호
刹微塵數世界가 圍遶하야 純一淸淨하니 佛号는

무장애법계등
無障礙法界燈이시니라

차상　　과삼불찰미진수세계　　여사바세
此上에 過三佛刹微塵數世界하야 與娑婆世

이 가운데 가장 아래쪽에 세계가 있으니 이름이 가애락정광당이다. 부처님 세계 미진수의 세계가 둘러싸서 순일하게 청정하며, 부처님 명호는 최승삼매정진혜이시다.

이 위에 열 부처님 세계 미진수의 세계를 지나서 금강당세계와 가지런히 세계가 있으니 이름이 향장엄당이다. 열 부처님 세계 미진수의 세계가 둘러싸서 순일하게 청정하며, 부처님 명호는 무장애법계등이시다.

이 위에 세 부처님 세계 미진수의 세계를 지나서 사바세계와 가지런히 세계가 있으니 이름이 방광명장이고, 부처님 명호는 변법계무장

계　　제등　　유세계　　명방광명장　　불호
界로 齊等하야 有世界하니 名放光明藏이요 佛号

　　변법계무장애혜명　　　차상　　과칠불
는 徧法界無障礙慧明이시니라 此上에 過七佛

찰미진수세계　　지차세계종최상방　　유세
刹微塵數世界하야 至此世界種最上方하야 有世

계　　명최승신향　　이십불찰미진수세계
界하니 名最勝身香이라 二十佛刹微塵數世界가

위요　　순일청정　　불호　　각분화
圍遶하야 純一淸淨하니 佛号는 覺分華이시니라

제불자　　피무진광명륜향수해외　　차유향
諸佛子야 彼無盡光明輪香水海外에 次有香

수해　　명구족묘광　　세계종　　명변무구
水海하니 名具足妙光이요 世界種은 名徧無垢이니라

애혜명이시다.

이 위에 일곱 부처님 세계 미진수의 세계를 지나서 이 세계종의 가장 위쪽에 이르러 세계가 있으니 이름이 최승신향이고, 스무 부처님 세계 미진수의 세계가 둘러싸서 순일하게 청정하며, 부처님 명호는 각분화이시다.

모든 불자들이여, 저 무진광명륜 향수해 밖에 다음 향수해가 있으니 이름이 구족묘광이고, 세계종은 이름이 변무구이다.

차유향수해　　　명광요개　　　세계종　　명무변
次有香水海하니　名光耀蓋요　世界種은　名無邊

보장엄　　　　차유향수해　　　명묘보장엄
普莊嚴이니라　次有香水海하니　名妙寶莊嚴이요

세계종　　　명향마니궤도형　　　차유향수해
世界種은　名香摩尼軌度形이니라　次有香水海하니

명출불음성　　　세계종　　명선건립장엄
名出佛音聲이요　世界種은　名善建立莊嚴이니라

차유향수해　　　명향당수미장　　　세계종　　　명
次有香水海하니　名香幢須彌藏이요　世界種은　名

광명변만　　　차유향수해　　　명전단묘광명
光明徧滿이니라　次有香水海하니　名栴檀妙光明이요

세계종　　　명화염륜　　　차유향수해　　　명풍
世界種은　名華燄輪이니라　次有香水海하니　名風

력지　세계종　　명보염운당
力持요　世界種은　名寶燄雲幢이니라

다음 향수해가 있으니 이름이 광요개이고, 세계종은 이름이 무변보장엄이다.

다음 향수해가 있으니 이름이 묘보장엄이고, 세계종은 이름이 향마니궤도형이다.

다음 향수해가 있으니 이름이 출불음성이고, 세계종은 이름이 선건립장엄이다.

다음 향수해가 있으니 이름이 향당수미장이고, 세계종은 이름이 광명변만이다.

다음 향수해가 있으니 이름이 전단묘광명이고, 세계종은 이름이 화염륜이다.

다음 향수해가 있으니 이름이 풍력지이고, 세계종은 이름이 보염운당이다.

차유향수해　　명제석신장엄　　세계종　명
次有香水海하니 名帝釋身莊嚴이요 世界種은 名

진주장　　차유향수해　　명평탄엄정
眞珠藏이니라 次有香水海하니 名平坦嚴淨이요

세계종　명비유리말종종장엄
世界種은 名毗瑠璃末種種莊嚴이니라

여시등불가설불찰미진수향수해　　기최근윤
如是等不可說佛刹微塵數香水海에 其最近輪

위산향수해　　명묘수화　세계종　명출생제
圍山香水海는 名妙樹華요 世界種은 名出生諸

방광대찰　　이일체불최복마음　　위체
方廣大刹이니 以一切佛摧伏魔音으로 爲體하니라

차중최하방　유세계　　명염거당　　불호
此中最下方에 有世界하니 名燄炬幢이요 佛号는

다음 향수해가 있으니 이름이 제석신장엄이고, 세계종은 이름이 진주장이다.

다음 향수해가 있으니 이름이 평탄엄정이고, 세계종은 이름이 비유리말종종장엄이다.

이와 같이 말할 수 없는 부처님 세계 미진수의 향수해가 있는데, 그 윤위산에 가장 가까운 향수해는 이름이 묘수화이고, 세계종은 이름이 출생제방광대찰이며, 일체 부처님의 마군을 꺾어 절복시키는 음성으로 체성이 되었다.

이 가운데 가장 아래쪽에 세계가 있으니 이

세간공덕해
世間功德海이시니라

차상　　과십불찰미진수세계　　여금강당세
此上에　過十佛刹微塵數世界하야　與金剛幢世

계　제등　　유세계　　명출생보　　불호　　사
界로　齊等하야　有世界하니　名出生寶요　佛号는　師

자력보운
子力寶雲이시니라

차상　　여사바세계　제등　　유세계　　명의
此上에　與娑婆世界로　齊等하야　有世界하니　名衣

복당　　불호　일체지해왕
服幢이요　佛号는　一切智海王이시니라

어차세계종최상방　유세계　　명보영락사
於此世界種最上方에　有世界하니　名寶瓔珞師

자광명　　불호　선변화연화당
子光明이요　佛号는　善變化蓮華幢이시니라

름이 염거당이고, 부처님 명호는 세간공덕해이시다.

이 위에 열 부처님 세계 미진수의 세계를 지나서 금강당세계와 가지런히 세계가 있으니 이름이 출생보이고, 부처님 명호는 사자력보운이시다.

이 위에 사바세계와 가지런히 세계가 있으니 이름이 의복당이고, 부처님 명호는 일체지해왕이시다.

이 세계종의 가장 위쪽에 세계가 있으니 이름이 보영락사자광명이고, 부처님 명호는 선변화연화당이시다.

諸佛子야 彼金剛燄光明香水海外에 次有香

水海하니 名一切莊嚴具瑩飾幢이요 世界種은 名

清淨行莊嚴이니라

次有香水海하니 名一切寶華光耀海요 世界種은

名功德相莊嚴이니라 次有香水海하니 名蓮華開

敷요 世界種은 名菩薩摩尼冠莊嚴이니라 次有香

水海하니 名妙寶衣服이요 世界種은 名淨珠輪이니라

次有香水海하니 名可愛華徧照요 世界種은 名

모든 불자들이여, 저 금강염광명 향수해 밖에 다음 향수해가 있으니 이름이 일체장엄구영식당이고, 세계종은 이름이 청정행장엄이다.

다음 향수해가 있으니 이름이 일체보화광요해이고, 세계종은 이름이 공덕상장엄이다.

다음 향수해가 있으니 이름이 연화개부이고, 세계종은 이름이 보살마니관장엄이다.

다음 향수해가 있으니 이름이 묘보의복이고, 세계종은 이름이 정주륜이다.

다음 향수해가 있으니 이름이 가애화변조이고, 세계종은 이름이 백광운조요이다.

백광운조요　　차유향수해　　명변허공대광
百光雲照耀니라 次有香水海하니 名徧虛空大光

명　　세계종　　명보광보조　　차유향수해
明이요 世界種은 名寶光普照니라 次有香水海하니

명묘화장엄당　　세계종　명금월안영락
名妙華莊嚴幢이요 世界種은 名金月眼瓔珞이니라

차유향수해　　명진주향해장　　세계종
次有香水海하니 名眞珠香海藏이요 世界種은

명불광명　　차유향수해　　명보륜광명
名佛光明이니라 次有香水海하니 名寶輪光明이요

세계종　명선화현불경계광명
世界種은 名善化現佛境界光明이니라

여시등불가설불찰미진수향수해　기최근
如是等不可說佛刹微塵數香水海에 其最近

다음 향수해가 있으니 이름이 변허공대광명이고, 세계종은 이름이 보광보조이다.

다음 향수해가 있으니 이름이 묘화장엄당이고, 세계종은 이름이 금월안영락이다.

다음 향수해가 있으니 이름이 진주향해장이고, 세계종은 이름이 불광명이다.

다음 향수해가 있으니 이름이 보륜광명이고, 세계종은 이름이 선화현불경계광명이다.

이와 같이 말할 수 없는 부처님 세계 미진수의 향수해가 있는데, 그 윤위산에 가장

윤위산향수해   명무변륜장엄저   세계종
輪圍山香水海는 名無邊輪莊嚴底요 世界種은

명무량방차별   이일체국토종종언설음
名無量方差別이니 以一切國土種種言說音으로

위 체
爲體니라

차중최하방   유세계   명금강화개   불호
此中最下方에 有世界하니 名金剛華蓋요 佛号는

무진상광명보문음
無盡相光明普門音이시니라

차상   과십불찰미진수세계   유세계
此上에 過十佛刹微塵數世界하야 有世界하니

여금강당세계   제등   명출생보의당
與金剛幢世界로 齊等하야 名出生寶衣幢이요

불호   복덕운대위세
佛号는 福德雲大威勢이시니라

가까운 향수해는 이름이 무변륜장엄저이고, 세계종은 이름이 무량방차별이며, 일체 국토의 갖가지 말하는 음성으로 체성이 되었다.

이 가운데서 가장 아래쪽에 세계가 있으니 이름이 금강화개이고, 부처님 명호는 무진상광명보문음이시다.

이 위에 열 부처님 세계 미진수의 세계를 지나서 세계가 있으니 금강당세계와 가지런하며 이름이 출생보의당이고, 부처님 명호는 복덕운대위세이시다.

이 위에 사바세계와 가지런히 세계가 있으니

차상 　여사바세계 　제등 　유세계 　명중
此上에 與娑婆世界로 齊等하야 有世界하니 名衆

보구묘장엄 　불호 　승혜해
寶具妙莊嚴이요 佛号는 勝慧海이시니라

어차세계종최상방 　유세계 　명일광명의
於此世界種最上方에 有世界하니 名日光明衣

복당 　불호 　지일연화운
服幢이요 佛号는 智日蓮華雲이시니라

제불자 　피제청보장엄향수해외 　차유향
諸佛子야 彼帝靑寶莊嚴香水海外에 次有香

수해 　명아수라궁전 　세계종 　명향수광
水海하니 名阿脩羅宮殿이요 世界種은 名香水光

소지
所持니라

이름이 중보구묘장엄이고, 부처님 명호는 승혜해이시다.

이 세계종의 가장 위쪽에 세계가 있으니 이름이 일광명의복당이고, 부처님 명호는 지일연화운이시다.

모든 불자들이여, 저 제청보장엄 향수해 밖에 다음 향수해가 있으니 이름이 아수라궁전이고, 세계종은 이름이 향수광소지이다.

차유향수해　　명보사자장엄　　세계종　　명
次有香水海하니 名寶師子莊嚴이요 世界種은 名

변시시방일체보　　차유향수해　　명궁전색
徧示十方一切寶니라 次有香水海하니 名宮殿色

광명운　　세계종　　명보륜묘장엄
光明雲이요 世界種은 名寶輪妙莊嚴이니라

차유향수해　　명출대연화　　세계종　　명묘
次有香水海하니 名出大蓮華요 世界種은 名妙

장엄변조법계　　차유향수해　　명등염묘
莊嚴徧照法界니라 次有香水海하니 名燈燄妙

안　　세계종　　명변관찰시방변화
眼이요 世界種은 名徧觀察十方變化니라

차유향수해　　명부사의장엄륜　　세계종
次有香水海하니 名不思議莊嚴輪이요 世界種은

명시방광명보명칭　　차유향수해　　명보
名十方光明普名稱이니라 次有香水海하니 名寶

다음 향수해가 있으니 이름이 보사자장엄이고, 세계종은 이름이 변시시방일체보이다.

다음 향수해가 있으니 이름이 궁전색광명운이고, 세계종은 이름이 보륜묘장엄이다.

다음 향수해가 있으니 이름이 출대연화이고, 세계종은 이름이 묘장엄변조법계이다.

다음 향수해가 있으니 이름이 등염묘안이고, 세계종은 이름이 변관찰시방변화이다.

다음 향수해가 있으니 이름이 부사의장엄륜이고, 세계종은 이름이 시방광명보명칭이다.

다음 향수해가 있으니 이름이 보적장엄이

적장엄　　세계종　　명등광조요
積莊嚴이요 世界種은 名燈光照耀니라

차유향수해　　　명청정보광명　　　세계종　　명
次有香水海하니 名淸淨寶光明이요 世界種은 名

수미무능위애풍　　　차유향수해　　　명보의
須彌無能爲礙風이니라 次有香水海하니 名寶衣

난순　　세계종　　명여래신광명
欄楯이요 世界種은 名如來身光明이니라

여시등불가설불찰미진수향수해　　기최근륜
如是等不可說佛刹微塵數香水海에 其最近輪

위산향수해　　명수장엄당　　　세계종　　명안
圍山香水海는 名樹莊嚴幢이요 世界種은 名安

주제망　　이일체보살지지음성　　위체
住帝網이니 以一切菩薩智地音聲으로 爲體하니라

고, 세계종은 이름이 등광조요이다.

　다음 향수해가 있으니 이름이 청정보광명이고, 세계종은 이름이 수미무능위애풍이다.

　다음 향수해가 있으니 이름이 보의난순이고, 세계종은 이름이 여래신광명이다.

　이와 같이 말할 수 없는 부처님 세계 미진수의 향수해가 있는데, 그 윤위산에 가장 가까운 향수해는 이름이 수장엄당이고, 세계종은 이름이 안주제망이며, 일체 보살 지혜의 지위 음성으로 체성이 되었다.

차중최하방　유세계　명묘금색　불호
此中最下方에 有世界하니 名妙金色이요 佛号는

향염승위광
香燄勝威光이시니라

차상　과십불찰미진수세계　여금강당세
此上에 過十佛刹微塵數世界하야 與金剛幢世

계　제등　유세계　명마니수화　불호
界로 齊等하야 有世界하니 名摩尼樹華요 佛号는

무애보현
無礙普現이시니라

차상　여사바세계　제등　유세계　명비
此上에 與娑婆世界로 齊等하야 有世界하니 名毗

유리묘장엄　불호　법자재견고혜
瑠璃妙莊嚴이요 佛号는 法自在堅固慧이시니라

어차세계종최상방　유세계　명범음묘장
於此世界種最上方에 有世界하니 名梵音妙莊

이 가운데 가장 아래쪽에 세계가 있으니 이름은 묘금색이고, 부처님 명호는 향염승위광이시다.

이 위에 열 부처님 세계 미진수의 세계를 지나서 금강당세계와 가지런히 세계가 있으니 이름이 마니수화이고, 부처님 명호는 무애보현이시다.

이 위에 사바세계와 가지런히 세계가 있으니 이름이 비유리묘장엄이고, 부처님 명호는 법자재견고혜이시다.

이 세계종의 가장 위쪽에 세계가 있으니 이름이 범음묘장엄이고, 부처님 명호는 연화개

엄   불호   연화개부광명왕
嚴이요 佛号는 蓮華開敷光明王이시니라

제불자   피금강륜장엄저향수해외   차유
諸佛子야 彼金剛輪莊嚴底香水海外에 次有

향수해   명화현연화처   세계종   명국토
香水海하니 名化現蓮華處요 世界種은 名國土

평정
平正이니라

차유향수해   명마니광   세계종   명변법
次有香水海하니 名摩尼光이요 世界種은 名徧法

계무미혹   차유향수해   명중묘향일마
界無迷惑이니라 次有香水海하니 名眾妙香日摩

니   세계종   명보현시방   차유향수해
尼요 世界種은 名普現十方이니라 次有香水海하니

부광명왕이시다.

　모든 불자들이여, 저 금강륜장엄저 향수해 밖에 또 향수해가 있으니 이름이 화현연화처이고, 세계종은 이름이 국토평정이다.

　다음 향수해가 있으니 이름이 마니광이고, 세계종은 이름이 변법계무미혹이다.

　다음 향수해가 있으니 이름이 중묘향일마니이고, 세계종은 이름이 보현시방이다.

　다음 향수해가 있으니 이름이 항납보류이고, 세계종은 이름이 보행불언음이다.

명항납보류　　세계종　　명보행불언음
名恒納寶流요 世界種은 名普行佛言音이니라

차유향수해　　명무변심묘음　　세계종　　명
次有香水海하니 名無邊深妙音이요 世界種은 名

무변방차별　　차유향수해　　명견실적취
無邊方差別이니라 次有香水海하니 名堅實積聚요

세계종　　명무량처차별　　차유향수해
世界種은 名無量處差別이니라 次有香水海하니

명청정범음　　세계종　　명보청정장엄
名淸淨梵音이요 世界種은 名普淸淨莊嚴이니라

차유향수해　　명전단난순음성장　　세계
次有香水海하니 名栴檀欄楯音聲藏이요 世界

종　　명형출당　　차유향수해　　명묘향보
種은 名逈出幢이니라 次有香水海하니 名妙香寶

왕광장엄　　세계종　　명보현광명력
王光莊嚴이요 世界種은 名普現光明力이니라

다음 향수해가 있으니 이름이 무변심묘음이고, 세계종은 이름이 무변방차별이다.

다음 향수해가 있으니 이름이 견실적취이고, 세계종은 이름이 무량처차별이다.

다음 향수해가 있으니 이름이 청정범음이고, 세계종은 이름이 보청정장엄이다.

다음 향수해가 있으니 이름이 전단난순음성장이고, 세계종은 이름이 형출당이다.

다음 향수해가 있으니 이름이 묘향보왕광장엄이고, 세계종은 이름이 보현광명력이다.

諸佛子_야 彼蓮華因陀羅網香水海外_에 次有

香水海_{하니} 名銀蓮華妙莊嚴_{이요} 世界種_은 名普

徧行_{이니라}

次有香水海_{하니} 名毗瑠璃竹密燄雲_{이요} 世界

種_은 名普出十方音_{이니라} 次有香水海_{하니} 名十

方光燄聚_요 世界種_은 名恒出變化分布十方_{이니라}

次有香水海_{하니} 名出現眞金摩尼幢_{이요} 世界

種_은 名金剛幢相_{이니라} 次有香水海_{하니} 名平等

모든 불자들이여, 저 연화인다라망 향수해 밖에 다음 향수해가 있으니 이름이 은련화묘장엄이고, 세계종은 이름이 보변행이다.

다음 향수해가 있으니 이름이 비유리죽밀염운이고, 세계종은 이름이 보출시방음이다.

다음 향수해가 있으니 이름이 시방광염취이고, 세계종은 이름이 항출변화분포시방이다.

다음 향수해가 있으니 이름이 출현진금마니당이고, 세계종은 이름이 금강당상이다.

다음 향수해가 있으니 이름이 평등대장엄이

대 장 엄　　세 계 종　　명 법 계 용 맹 선
大莊嚴이요 世界種은 名法界勇猛旋이니라

차 유 향 수 해　　　명 보 화 총 무 진 광　　　세 계 종　　명
次有香水海하니 名寶華叢無盡光이요 世界種은 名

무 변 정 광 명　　　차 유 향 수 해　　　명 묘 금 당
無邊淨光明이니라 次有香水海하니 名妙金幢이요

세 계 종　　명 연 설 미 밀 처　　　차 유 향 수 해
世界種은 名演說微密處니라 次有香水海하니

명 광 영 변 조　　세 계 종　　명 보 장 엄　　　차 유 향
名光影徧照요 世界種은 名普莊嚴이니라 次有香

수 해　　명 적 음　　세 계 종　　명 현 전 수 포
水海하니 名寂音이요 世界種은 名現前垂布이니라

여 시 등 불 가 설 불 찰 미 진 수 향 수 해　　기 최 근 윤
如是等不可說佛刹微塵數香水海에 其最近輪

고, 세계종은 이름이 법계용맹선이다.

다음 향수해가 있으니 이름이 보화총무진광이고, 세계종은 이름이 무변정광명이다.

다음 향수해가 있으니 이름이 묘금당이고, 세계종은 이름이 연설미밀처이다.

다음 향수해가 있으니 이름이 광영변조이고, 세계종은 이름이 보장엄이다.

다음 향수해가 있으니 이름이 적음이고, 세계종은 이름이 현전수포이다.

이와 같이 말할 수 없는 부처님 세계 미진수의 향수해가 있는데, 그 윤위산에 가장 가까

위산향수해　　명밀염운당　　　세계종　　명일
圍山香水海는 名密燄雲幢이요 世界種은 名一

체광장엄　　이일체여래도량중회음　　위체
切光莊嚴이니 以一切如來道場衆會音으로 爲體하나라

어차최하방　　세계종　　　명정안장엄　　　불호
於此最下方에 世界種하니 名淨眼莊嚴이요 佛号는

금강월변조시방
金剛月徧照十方이시니라

차상　　과십불찰미진수세계　　　여금강당세
此上에 過十佛刹微塵數世界하야 與金剛幢世

계　　제등　　유세계　　　명연화덕　　　불호
界로 齊等하야 有世界하니 名蓮華德이요 佛号는

대정진선각혜
大精進善覺慧이시니라

차상　　여사바세계　제등　　　유세계　　　명금
此上에 與娑婆世界로 齊等하야 有世界하니 名金

운 향수해는 이름이 밀염운당이고, 세계종은 이름이 일체광장엄이다. 일체 여래의 도량에 모인 대중의 음성으로 체성이 되었다.

여기에서 가장 아래쪽에 세계종이 있으니 이름이 정안장엄이고, 부처님 명호는 금강월변조시방이시다.

이 위에 열 부처님 세계 미진수의 세계를 지나서 금강당세계와 가지런히 세계가 있으니 이름이 연화덕이고, 부처님 명호는 대정진선각혜이시다.

이 위에 사바세계와 가지런히 세계가 있으니 이름이 금강밀장엄이고, 부처님 명호는 사라

강밀장엄　　　불호　　사라왕당
剛密莊嚴이요 佛号는 娑羅王幢이시니라

차상　　과칠불찰미진수세계　　　유세계　　　명
此上에 過七佛刹微塵數世界하야 有世界하니 名

정해장엄　　　불호　　위덕절륜무능제복
淨海莊嚴이요 佛号는 威德絶倫無能制伏이시니라

제불자　　피적집보향장향수해외　　차유향
諸佛子야 彼積集寶香藏香水海外에 次有香

수해　　　명일체보광명변조　　세계종　　명무
水海하니 名一切寶光明徧照요 世界種은 名無

구칭장엄
垢稱莊嚴이니라

차유향수해　　명중보화개부　　세계종　　명
次有香水海하니 名衆寶華開敷요 世界種은 名

왕당이시다.

이 위에 일곱 부처님 세계 미진수의 세계를 지나서 세계가 있으니 이름이 정해장엄이고, 부처님 명호는 위덕절륜무능제복이시다.

모든 불자들이여, 저 적집보향장 향수해 밖에 다음 향수해가 있으니 이름이 일체보광명변조이고, 세계종은 이름이 무구칭장엄이다.

다음 향수해가 있으니 이름이 중보화개부이

허공상　　차유향수해　　명길상악변조
虛空相이니라 次有香水海하니 名吉祥幄徧照요

세계종　명무애광보장엄　　차유향수해
世界種은 名無礙光普莊嚴이니라 次有香水海하니

명전단수화　세계종　명보현시방선
名栴檀樹華요 世界種은 名普現十方旋이니라

차유향수해　　명출생묘색보　세계종　명
次有香水海하니 名出生妙色寶요 世界種은 名

승당주변행　　차유향수해　　명보생금강
勝幢周徧行이니라 次有香水海하니 名普生金剛

화　세계종　명현부사의장엄　　차유향수
華요 世界種은 名現不思議莊嚴이니라 次有香水

해　　명심왕마니륜엄식　세계종　명시현
海하니 名心王摩尼輪嚴飾이요 世界種은 名示現

무애불광명
無礙佛光明이니라

고, 세계종은 이름이 허공상이다.

　다음 향수해가 있으니 이름이 길상악변조이고, 세계종은 이름이 무애광보장엄이다.

　다음 향수해가 있으니 이름이 전단수화이고, 세계종은 이름이 보현시방선이다.

　다음 향수해가 있으니 이름이 출생묘색보이고, 세계종은 이름이 승당주변행이다.

　다음 향수해가 있으니 이름이 보생금강화이고, 세계종은 이름이 현부사의장엄이다.

　다음 향수해가 있으니 이름이 심왕마니륜엄식이고, 세계종은 이름이 시현무애불광명이다.

차유향수해　　명적집보영락　　세계종
次有香水海하니　名積集寶瓔珞이요　世界種은

명정제의　　차유향수해　　명진주륜보장
名淨除疑이니라　次有香水海하니　名眞珠輪普莊

엄　　세계종　명제불원소류
嚴이요　世界種은　名諸佛願所流이니라

여시등불가설불찰미진수향수해　　기최근
如是等不可說佛刹微塵數香水海에　其最近

윤위산향수해　　명염부단보장륜　　세계종
輪圍山香水海는　名閻浮檀寶藏輪이요　世界種은

명보음당　　이입일체지문음성　　위체
名普音幢이니　以入一切智門音聲으로　爲體하니라

차중최하방　유세계　명화예염　불호
此中最下方에　有世界하니　名華蘂燄이요　佛号는

다음 향수해가 있으니 이름이 적집보영락이고, 세계종은 이름이 정제의이다.

다음 향수해가 있으니 이름이 진주륜보장엄이고, 세계종은 이름이 제불원소류이다.

이와 같이 말할 수 없는 부처님 세계 미진수의 향수해가 있는데, 그 윤위산에 가장 가까운 향수해는 이름이 염부단보장륜이고, 세계종은 이름이 보음당이며, 일체 지혜 문에 들어가는 음성으로 체성이 되었다.

이 가운데 가장 아래쪽에 세계가 있으니

정진시
精進施이시니라

차상　　과십불찰미진수세계　　여금강당세
此上에 過十佛刹微塵數世界하야 與金剛幢世

계　제등　　유세계　　명연화광명당　　불
界로 齊等하야 有世界하니 名蓮華光明幢이요 佛

호　　일체공덕최승심왕
号는 一切功德最勝心王이시니라

차상　　과삼불찰미진수세계　　여사바세계
此上에 過三佛刹微塵數世界하야 與娑婆世界로

제등　　유세계　　명십력장엄　　불호　선
齊等하야 有世界하니 名十力莊嚴이요 佛号는 善

출현무량공덕왕
出現無量功德王이시니라

어차세계종최상방　유세계　　명마니향산
於此世界種最上方에 有世界하니 名摩尼香山

이름이 화예염이고, 부처님 명호는 정진시이
시다.

이 위에 열 부처님 세계 미진수의 세계를 지
나서 금강당세계와 가지런히 세계가 있으니 이
름이 연화광명당이고, 부처님 명호는 일체공
덕최승심왕이시다.

이 위에 세 부처님 세계 미진수의 세계를 지
나서 사바세계와 가지런히 세계가 있으니 이름
이 십력장엄이고, 부처님 명호는 선출현무량
공덕왕이시다.

이 세계종의 가장 위쪽에 세계가 있으니 이
름이 마니향산당이고, 부처님 명호는 광대선

당 불호 광대선안정제의
幢_{이요} 佛号_는 廣大善眼淨除疑_{시니라}

제불자 피보장엄향수해외 차유향수해
諸佛子_야 彼寶莊嚴香水海外_에 次有香水海_{하니}

명지수미광명장 세계종 명출생광대운
名持須彌光明藏_{이요} 世界種_은 名出生廣大雲_{이라}

차유향수해 명종종장엄대위력경계 세
次有香水海_{하니} 名種種莊嚴大威力境界_요 世

계종 명무애정장엄 차유향수해 명
界種_은 名無礙淨莊嚴_{이니라} 次有香水海_{하니} 名

밀포보련화 세계종 명최승등장엄
密布寶蓮華_요 世界種_은 名最勝燈莊嚴_{이니라}

차유향수해 명의지일체보장엄 세계
次有香水海_{하니} 名依止一切寶莊嚴_{이요} 世界

안정제의이시다.

　모든 불자들이여, 저 보장엄 향수해 밖에 다
음 향수해가 있으니 이름이 지수미광명장이
고, 세계종은 이름이 출생광대운이다.

　다음 향수해가 있으니 이름이 종종장엄대위
력경계이고, 세계종은 이름이 무애정장엄이
다.

　다음 향수해가 있으니 이름이 밀포보련화이
고, 세계종은 이름이 최승등장엄이다.

　다음 향수해가 있으니 이름이 의지일체보장

종 명일광명망장
種은 名日光明網藏이니라

차유향수해 명중다엄정 세계종 명보
次有香水海하니 名衆多嚴淨이요 世界種은 名寶

화의처 차유향수해 명극총혜행 세
華依處니라 次有香水海하니 名極聰慧行이요 世

계종 명최승형장엄 차유향수해 명
界種은 名最勝形莊嚴이니라 次有香水海하니 名

지묘마니봉 세계종 명보정허공장
持妙摩尼峰이요 世界種은 名普淨虛空藏이니라

차유향수해 명대광변조 세계종 명제
次有香水海하니 名大光徧照요 世界種은 名帝

청거광명 차유향수해 명가애마니주
靑炬光明이니라 次有香水海하니 名可愛摩尼珠

충만변조 세계종 명보후성
充滿徧照요 世界種은 名普吼聲이니라

엄이고, 세계종은 이름이 일광명망장이다.

다음 향수해가 있으니 이름이 중다엄정이고, 세계종은 이름이 보화의처이다.

다음 향수해가 있으니 이름이 극총혜행이고, 세계종은 이름이 최승형장엄이다.

다음 향수해가 있으니 이름이 지묘마니봉이고, 세계종은 이름이 보정허공장이다.

다음 향수해가 있으니 이름이 대광변조이고, 세계종은 이름이 제청거광명이다.

다음 향수해가 있으니 이름이 가애마니주충만변조이고, 세계종은 이름이 보후성이다.

여시등불가설불찰미진수향수해　기최근
如是等不可說佛刹微塵數香水海에 其最近

윤위산향수해　명출제청보　세계종　명주
輪圍山香水海는 名出帝青寶요 世界種은 名周

변무차별　이일체보살진후성　위체
徧無差別이니 以一切菩薩震吼聲으로 爲體하니라

차중최하방　유세계　명묘승장　불호
此中最下方에 有世界하니 名妙勝藏이요 佛号는

최승공덕혜
最勝功德慧이시니라

차상　과십불찰미진수세계　여금강당세
此上에 過十佛刹微塵數世界하야 與金剛幢世

계　제등　유세계　명장엄상　불호
界로 齊等하야 有世界하니 名莊嚴相이요 佛号는

초승대광명
超勝大光明이시니라

이와 같이 말할 수 없는 부처님 세계 미진수의 향수해가 있는데, 그 윤위산에 가장 가까운 향수해는 이름이 출제청보이고, 세계종은 이름이 주변무차별이며, 일체 보살의 우렁찬 소리로 체성이 되었다.

이 가운데 가장 아래쪽에 세계가 있으니 이름이 묘승장이고, 부처님 명호는 최승공덕혜이시다.

이 위에 열 부처님 세계 미진수의 세계를 지나서 금강당세계와 가지런히 세계가 있으니 이름이 장엄상이고, 부처님 명호는 초승대광명이시다.

차상　　여사바세계　　제등　　　유세계　　　명유
此上에 與娑婆世界로 齊等하야 有世界하니 名瑠

리륜보장엄　　　불호　　수미등
璃輪普莊嚴이요 佛号는 須彌燈이시니라

어차세계종최상방　　유세계　　　명화당해
於此世界種最上方에 有世界하니 名華幢海요

불호　　무진변화묘혜운
佛号는 無盡變化妙慧雲이시니라

제불자　　피금강보취향수해외　　차유향수해
諸佛子야 彼金剛寶聚香水海外에 次有香水海하니

명숭식보비예　　세계종　　명수출보당
名崇飾寶埤堄요 世界種은 名秀出寶幢이니라

차유향수해　　　명보당장엄　　세계종　　명현
次有香水海하니 名寶幢莊嚴이요 世界種은 名現

이 위에 사바세계와 가지런히 세계가 있으니 이름이 유리륜보장엄이고, 부처님 명호는 수미등이시다.

이 세계종의 가장 위쪽에 세계가 있으니 이름이 화당해이고, 부처님 명호는 무진변화묘혜운이시다.

모든 불자들이여, 저 금강보취 향수해 밖에 다음 향수해가 있으니 이름이 숭식보비예이고, 세계종은 이름이 수출보당이다.

다음 향수해가 있으니 이름이 보당장엄이고,

일체광명　　　차유향수해　　　명묘보운
一切光明이니라　次有香水海하니　名妙寶雲이요

세계종　　명일체보장엄광명변조　　　차유향수
世界種은　名一切寶莊嚴光明徧照이니라　次有香水

해　　　명보수화장엄　　세계종　　명묘화간식
海하니　名寶樹華莊嚴이요　世界種은　名妙華間飾이니라

차유향수해　　　명묘보의장엄　　　세계종　　명
次有香水海하니　名妙寶衣莊嚴이요　世界種은　名

광명해　　　차유향수해　　　명보수봉　　　세
光明海이니라　次有香水海하니　名寶樹峰이요　世

계종　　명보염운　　　차유향수해　　　명시현
界種은　名寶燄雲이니라　次有香水海하니　名示現

광명　　세계종　　명입금강무소애
光明이요　世界種은　名入金剛無所礙이니라

차유향수해　　　명연화보장엄　　　세계종
次有香水海하니　名蓮華普莊嚴이요　世界種은

세계종은 이름이 현일체광명이다.

다음 향수해가 있으니 이름이 묘보운이고, 세계종은 이름이 일체보장엄광명변조이다.

다음 향수해가 있으니 이름이 보수화장엄이고, 세계종은 이름이 묘화간식이다.

다음 향수해가 있으니 이름이 묘보의장엄이고, 세계종은 이름이 광명해이다.

다음 향수해가 있으니 이름이 보수봉이고, 세계종은 이름이 보염운이다.

다음 향수해가 있으니 이름이 시현광명이고, 세계종은 이름이 입금강무소애이다.

명무변안해연　　차유향수해　　명묘보장
名無邊岸海淵이니라 次有香水海하니 名妙寶莊

엄　　세계종　명보시현국토장
嚴이요 世界種은 名普示現國土藏이니라

여시등불가설불찰미진수향수해　　기최근윤
如是等不可說佛剎微塵數香水海에 其最近輪

위산향수해　　명불가괴해　　세계종　　명묘륜
圍山香水海는 名不可壞海요 世界種은 名妙輪

간착연화장　　이일체불력소출음　　위체
間錯蓮華場이니 以一切佛力所出音으로 爲體하니라

차중최하방　　유세계　　명최묘향　　불호
此中最下方에 有世界하니 名最妙香이요 佛号는

변화무량진수광
變化無量塵數光이시니라

다음 향수해가 있으니 이름이 연화보장엄이
고, 세계종은 이름이 무변안해연이다.

다음 향수해가 있으니 이름이 묘보장엄이고,
세계종은 이름이 보시현국토장이다.

이와 같이 말할 수 없는 부처님 세계 미진수
의 향수해가 있는데, 그 윤위산에 가장 가까
운 향수해는 이름이 불가괴해이고, 세계종은
이름이 묘륜간착연화장이며, 일체 부처님 힘
에서 나오는 소리로 체성이 되었다.

이 가운데 가장 아래쪽에 세계가 있으니 이
름이 최묘향이고, 부처님 명호는 변화무량진

차상　　과십불찰미진수세계　　여금강당세
此上에　過十佛刹微塵數世界하야　與金剛幢世

계　　제등　　유세계　　명부사의차별장엄
界로　齊等하야　有世界하니　名不思議差別莊嚴

문　　불호　무량지
門이요　佛号는　無量智이시니라

차상　　여사바세계　제등　　유세계　　명시
此上에　與娑婆世界로　齊等하야　有世界하니　名十

방광명묘화장　　불호　사자안광염운
方光明妙華藏이요　佛号는　師子眼光燄雲이시니라

어차최상방　유세계　　명해음성　　불호
於此最上方에　有世界하니　名海音聲이요　佛号는

수천광염문
水天光燄門이시니라

수광이시다.

이 위에 열 부처님 세계 미진수의 세계를 지나서 금강당세계와 가지런히 세계가 있으니 이름이 부사의차별장엄문이고, 부처님 명호는 무량지이시다.

이 위에 사바세계와 가지런히 세계가 있으니 이름이 시방광명묘화장이고, 부처님 명호는 사자안광염운이시다.

이 가장 위쪽에 세계가 있으니 이름이 해음성이고, 부처님 명호는 수천광염문이시다.

제불자   피천성보첩향수해외   차유향수
諸佛子야 **彼天城寶堞香水海外**에 **次有香水**

해   명염륜혁혁광   세계종   명불가설종
海하니 **名燄輪赫奕光**이요 **世界種**은 **名不可說種**

종 장 엄
種莊嚴이니라

차 유 향 수 해   명 보 진 로   세계종   명보입
次有香水海하니 **名寶塵路**요 **世界種**은 **名普入**

무 량 선   차 유 향 수 해   명 구 일 체 장 엄
無量旋이니라 **次有香水海**하니 **名具一切莊嚴**이요

세계종   명보광변조   차유향수해   명
世界種은 **名寶光徧照**이니라 **次有香水海**하니 **名**

포 중 보 망   세 계 종   명안포심밀
布衆寶網이요 **世界種**은 **名安布深密**이니라

차 유 향 수 해   명묘보장엄당   세계종   명
次有香水海하니 **名妙寶莊嚴幢**이요 **世界種**은 **名**

모든 불자들이여, 저 천성보첩 향수해 밖에 다음 향수해가 있으니 이름이 염륜혁혁광이고, 세계종은 이름이 불가설종종장엄이다.

다음 향수해가 있으니 이름이 보진로이고, 세계종은 이름이 보입무량선이다.

다음 향수해가 있으니 이름이 구일체장엄이고, 세계종은 이름이 보광변조이다.

다음 향수해가 있으니 이름이 포중보망이고, 세계종은 이름이 안포심밀이다.

다음 향수해가 있으니 이름이 묘보장엄당이고, 세계종은 이름이 세계해명료음이

세계해명료음　　차유향수해　　명일궁청
世界海明了音이니라　次有香水海하니　名日宮清

정영　　세계종　　명변입인다라망
淨影이요　世界種은　名徧入因陀羅網이니라

차유향수해　　명일체고악미묘음　　세계
次有香水海하니　名一切鼓樂美妙音이요　世界

종　　명원만평정　　차유향수해　　명종종
種은　名圓滿平正이니라　次有香水海하니　名種種

묘장엄　　세계종　　명정밀광염운　　차유
妙莊嚴이요　世界種은　名淨密光燄雲이니라　次有

향수해　　명주변보염등　　세계종　　명수불
香水海하니　名周徧寶燄燈이요　世界種은　名隨佛

본원종종형
本願種種形이니라

다.

　다음 향수해가 있으니 이름이 일궁청정영이고, 세계종은 이름이 변입인다라망이다.

　다음 향수해가 있으니 이름이 일체고악미묘음이고, 세계종은 이름이 원만평정이다.

　다음 향수해가 있으니 이름이 종종묘장엄이고, 세계종은 이름이 정밀광염운이다.

　다음 향수해가 있으니 이름이 주변보염등이고, 세계종은 이름이 수불본원종종형이다.

여시등불가설불찰미진수향수해   기최근
如是等不可說佛刹微塵數香水海에 其最近

윤위산향수해   명적집영락의   세계종   명
輪圍山香水海는 名積集瓔珞衣요 世界種은 名

화현묘의   이삼세일체불음성   위체
化現妙衣니 以三世一切佛音聲으로 爲體니라

차중최하방   유향수해   명인다라화장
此中最下方에 有香水海하니 名因陀羅華藏이요

세계   명발생환희   불찰미진수세계   위
世界는 名發生歡喜라 佛刹微塵數世界가 圍

요   순일청정   불호   견오지
遶하야 純一淸淨하니 佛号는 堅悟智이시니라

차상   과십불찰미진수세계   여금강당세
此上에 過十佛刹微塵數世界하야 與金剛幢世

계   제등   유세계   명보망장엄   십불
界로 齊等하야 有世界하니 名寶網莊嚴이라 十佛

이와 같이 말할 수 없는 부처님 세계 미진수의 향수해가 있는데, 그 윤위산에 가장 가까운 향수해는 이름이 적집영락의이고, 세계종은 이름이 화현묘의이며, 삼세의 일체 부처님 음성으로 체성이 되었다.

이 가운데 가장 아래쪽에 향수해가 있으니 이름이 인다라화장이고, 세계는 이름이 발생 환희이다. 부처님 세계 미진수의 세계가 둘러싸서 순일하게 청정하며, 부처님 명호는 견오지이시다.

이 위에 열 부처님 세계 미진수의 세계를 지나서 금강당세계와 가지런히 세계가 있으니 이

찰미진수세계　위요　　순일청정　　불호
刹微塵數世界가 圍遶하야 純一淸淨하니 佛号는

무량환희광
無量歡喜光이시니라

차상　　과삼불찰미진수세계　　여사바세
此上에 過三佛刹微塵數世界하야 與娑婆世

계　제등　　유세계　　명보련화사자좌
界로 齊等하야 有世界하니 名寶蓮華師子座라

십삼불찰미진수세계　　위요　　불호　최청
十三佛刹微塵數世界가 圍遶하니 佛号는 最淸

정불공문
淨不空聞이시니라

차상　　과칠불찰미진수세계　　지차세계종
此上에 過七佛刹微塵數世界하야 至此世界種

최상방　　유세계　　명보색용광명　이십
最上方하야 有世界하니 名寶色龍光明이라 二十

름이 보망장엄이다. 열 부처님 세계 미진수의 세계가 둘러싸서 순일하게 청정하며, 부처님 명호는 무량환희광이시다.

이 위에 세 부처님 세계 미진수의 세계를 지나서 사바세계와 가지런히 세계가 있으니 이름이 보련화사자좌이다. 열세 부처님 세계 미진수의 세계가 둘러쌌으며, 부처님 명호는 최청정불공문이시다.

이 위에 일곱 부처님 세계 미진수의 세계를 지나서 이 세계종의 가장 위쪽에 이르러 세계가 있으니 이름이 보색용광명이다. 스무 부처님 세계 미진수의 세계가 둘러싸서 순일하

불 찰 미 진 수 세 계　　위 요　　순 일 청 정　　불
佛刹微塵數世界가　圍遶하야　純一清淨하니　佛

호　　변 법 계 보 조 명
号는　徧法界普照明이시니라

제 불 자　　여 시 십 불 가 설 불 찰 미 진 수 향 수 해
諸佛子야　如是十不可說佛刹微塵數香水海

중　　유 십 불 가 설 불 찰 미 진 수 세 계 종　　개 의 현
中에　有十不可說佛刹微塵數世界種이　皆依現

일 체 보 살 형 마 니 왕 당 장 엄 연 화 주　　각 각 장
一切菩薩形摩尼王幢莊嚴蓮華住하야　各各莊

엄 제　　무 유 간 단
嚴際가　無有間斷이니라

각 각 방 보 색 광 명　　각 각 광 명 운　　이 부 기 상
各各放寶色光明이며　各各光明雲으로　而覆其上이며

게 청정하며, 부처님 명호는 변법계보조명이
시다.

　모든 불자들이여, 이와 같이 열 말할 수 없
는 부처님 세계 미진수의 향수해 가운데 열
말할 수 없는 부처님 세계 미진수의 세계종이
있는데, 모두 일체 보살 형상을 나타내는 마니
왕 깃대로 장엄한 연꽃을 의지하여 머물러서
각각 장엄한 경계가 끊어짐이 없었다.
　각각 보배 빛 광명을 놓으며, 각각 광명 구름
이 그 위를 덮었다. 각각 장엄을 갖추었으며, 각

각각장엄구　각각겁차별　각각불출현
各各莊嚴具며　各各劫差別이며　各各佛出現이며

각각연법해　각각중생　변충만　각각시
各各演法海며　各各衆生이　徧充滿이며　各各十

방보취입　각각일체불　신력소가지
方普趣入이며　各各一切佛의　神力所加持니라

차일일세계종중　일체세계　의종종장엄
此一一世界種中에　一切世界가　依種種莊嚴

주　체상접련　성세계망　어화장장엄
住호대　遞相接連하야　成世界網하야　於華藏莊嚴

세계해　종종차별　주변건립
世界海에　種種差別로　周徧建立하니라

각 겁이 차별하며, 각각 부처님께서 출현하시며, 각각 법바다를 연설하며, 각각 중생들이 두루 가득하며, 각각 시방에 널리 나아가 들어가며, 각각 일체 부처님의 신력으로 가지한 바이다.

이 낱낱 세계종 가운데 일체 세계가 갖가지 장엄을 의지하여 머무르되 번갈아 서로 이어져서 세계 그물을 이루었으며, 화장장엄세계해에 갖가지 차별로 두루두루 건립되었다."

이시　　보현보살　욕중선기의　　　승불위
爾時에 普賢菩薩이 欲重宣其義하사 承佛威

력　　　이설송언
力하고 而說頌言하시니라

화 장 세 계 해　　　　　　법 계 등 무 별
華藏世界海여　　　　　　法界等無別이라

장 엄 극 청 정　　　　　　안 주 어 허 공
莊嚴極清淨하야　　　　　　安住於虛空이로다

차 세 계 해 중　　　　　　찰 종 난 사 의
此世界海中에　　　　　　刹種難思議로대

일 일 개 자 재　　　　　　각 각 무 잡 란
一一皆自在하야　　　　　　各各無雜亂이로다

그때에 보현보살이 그 뜻을 거듭 펴려고 부
처님의 위신력을 받들어 게송을 설하여 말씀
하였다.

화장세계바다여
법계와 같아 차별이 없고
장엄은 지극히 청정하여
허공에 안주하였도다.

이 세계바다 가운데
세계종이 사의하기 어려우나
낱낱이 다 자재하여
각각 잡되고 어지러움이 없도다.

화장세계해
華藏世界海에

찰종선안포
刹種善安布라

수형이장엄
殊形異莊嚴이여

종종상부동
種種相不同이로다

제불변화음
諸佛變化音으로

종종위기체
種種爲其體어든

수기업력견
隨其業力見하니

찰종묘엄식
刹種妙嚴飾이로다

수미산성망
須彌山城網과

수선륜원형
水旋輪圓形과

광대연화개
廣大蓮華開하야

피피호위요
彼彼互圍遶로다

화장세계바다에
세계종이 잘 펼쳐져있어
다른 형상 다른 장엄이라
갖가지가 서로 같지 않도다.

모든 부처님의 변화한 음성으로
갖가지가 그 체성이 되었는데
그 업력을 따라서 보니
세계종이 미묘하게 장식되었도다.

수미산성의 그물과
물이 소용돌이치는 둥근 모양과
넓고 큰 연꽃이 피어
서로서로 둘러쌌도다.

산당누각형
山幢樓閣形과

선전금강형
旋轉金剛形이여

여시부사의
如是不思議한

광대제찰종
廣大諸剎種이로다

대해진주염
大海眞珠燄이여

광망부사의
光網不思議라

여시제찰종
如是諸剎種이

실재연화주
悉在蓮華住로다

일일제찰종
一一諸剎種에

광망불가설
光網不可說이니

광중현중찰
光中現衆剎하야

보변시방해
普徧十方海로다

산 깃대와 누각의 형상과
돌고 도는 금강의 형상이여
이와 같이 부사의한
광대한 모든 세계종이로다.

큰 바다의 진주 불꽃이여
광명 그물이 부사의함이라
이와 같은 모든 세계종이
모두 연꽃에 머물러있도다.

낱낱 모든 세계종에
광명 그물 말할 수 없으니
광명 속에서 온갖 세계를 나타내어
널리 시방 바다에 두루하도다.

일체제찰종
一切諸刹種의

소유장엄구
所有莊嚴具에

국토실입중
國土悉入中하야

보견무유진
普見無有盡이로다

찰종부사의
刹種不思議라

세계무변제
世界無邊際하니

종종묘엄호
種種妙嚴好가

개유대선력
皆由大仙力이로다

일체찰종중
一切刹種中에

세계부사의
世界不思議라

혹성혹유괴
或成或有壞며

혹유이괴멸
或有已壞滅이로다

일체 모든 세계종의
있는 바 장엄구에
국토가 모두 그 속에 들어가서
다함없이 널리 보도다.

세계종이 부사의함이여
세계가 끝이 없으니
갖가지 미묘한 장엄이
모두 큰 신선의 힘 때문이로다.

일체 세계종 가운데
세계가 부사의함이라
혹은 이루어지고 혹은 무너지며
혹은 이미 무너지고 없도다.

비여림중엽
譬如林中葉이

유생역유락
有生亦有落인달하야

여시찰종중
如是刹種中에

세계유성괴
世界有成壞로나

비여의수림
譬如依樹林하야

종종과차별
種種果差別인달하야

여시의찰종
如是依刹種하야

종종중생주
種種衆生住로다

비여종자별
譬如種子別에

생과각수이
生果各殊異인달하야

업력차별고
業力差別故로

중생찰부동
衆生刹不同이로다

마치 숲속의 나뭇잎이
피어남도 있고 떨어짐도 있듯이
이와 같이 세계종 가운데
세계가 이루어지고 무너짐이 있도다.

마치 나무숲을 의지하여
갖가지 열매가 다르듯이
이와 같이 세계종을 의지하여
갖가지 중생들이 머무르도다.

마치 종자가 다르므로
생겨나는 열매도 각각 다르듯이
업력이 차별하므로
중생들의 세계도 같지 않도다.

비여심왕보
譬如心王寶가

수심견중색
隨心見衆色인달하야

중생심정고
衆生心淨故로

득견청정찰
得見淸淨刹이로다

비여대용왕
譬如大龍王이

흥운변허공
興雲徧虛空인달하야

여시불원력
如是佛願力으로

출생제국토
出生諸國土로다

여환사주술
如幻師呪術로

능현종종사
能現種種事인달하야

중생업력고
衆生業力故로

국토부사의
國土不思議로다

마치 심왕보배가
마음 따라 온갖 색을 보듯이
중생들의 마음이 깨끗하므로
청정한 세계를 볼 수 있도다.

마치 큰 용왕이
구름을 일으켜 허공에 두루하듯이
이와 같이 부처님 원력으로
모든 국토를 출생하도다.

마치 요술쟁이가 주술로
갖가지 일을 능히 나타내듯이
중생들의 업력 때문에
국토도 부사의하도다.

비여중회상
譬如眾繢像이

화사지소작
畫師之所作인달하야

여시일체찰
如是一切刹이

심화사소성
心畫師所成이로다

중생신각이
眾生身各異가

수심분별기
隨心分別起니

여시찰종종
如是刹種種이

막불개유업
莫不皆由業이로다

비여견도사
譬如見導師의

종종색차별
種種色差別인달하야

수중생심행
隨眾生心行하야

견제찰역연
見諸刹亦然이로다

마치 온갖 그림들이
화가가 그린 것과 같아서
이와 같이 일체 세계가
마음의 화가가 그려낸 것이로다.

중생들의 몸이 각각 다름은
마음의 분별을 따라 일어남이니
이와 같이 세계가 갖가지인 것도
모두 다 업 때문이로다.

마치 도사가
갖가지 색이 차별함을 보듯이
중생의 심행을 따라서
모든 세계를 봄도 그러하도다.

일체제찰제
一切諸刹際에

주포연화망
周布蓮華網하니

종종상부동
種種相不同이나

장엄실청정
莊嚴悉淸淨이로다

피제연화망
彼諸蓮華網에

찰망소안주
刹網所安住라

종종장엄사
種種莊嚴事에

종종중생거
種種衆生居로다

혹유찰토중
或有刹土中엔

험악불평탄
險惡不平坦하니

유중생번뇌
由衆生煩惱하야

어피여시견
於彼如是見이로다

일체 모든 세계의 가장자리에
연꽃 그물을 두루 펼쳤으니
갖가지 모양이 같지 않으나
장엄은 모두 청정하도다.

저 모든 연꽃 그물에
세계 그물이 안주하는 바라
갖가지 장엄한 일에
갖가지 중생들이 살도다.

혹 어떤 세계는
험악하여 평탄하지 않으니
중생들의 번뇌 때문에
그곳을 이와 같이 보도다.

잡염급청정
雜染及清淨한

무량제찰종
無量諸刹種이

수중생심기
隨衆生心起하며

보살력소지
菩薩力所持로다

혹유찰토중
或有刹土中엔

잡염급청정
雜染及清淨하니

사유업력기
斯由業力起하며

보살지소화
菩薩之所化로다

유찰방광명
有刹放光明하야

이구보소성
離垢寶所成이라

종종묘엄식
種種妙嚴飾하니

제불령청정
諸佛令清淨이로다

잡되고 물들며 또 청정한
한량없는 모든 세계종들이
중생들의 마음을 따라 일어나며
보살들의 힘으로 유지한 바로다.

혹 어떤 세계는
잡되고 물들며 또 청정하니
이것은 업력 때문에 일어나며
보살들이 교화한 바로다.

어떤 세계는 광명을 놓으며
때를 여읜 보배로 이루어졌고
갖가지로 묘하게 장식했으니
모든 부처님께서 청정하게 하셨도다.

일일찰종중
一一刹種中에

겁소부사의
劫燒不思議라

소현수패악
所現雖敗惡이나

기처상견고
其處常堅固로다

유중생업력
由衆生業力하야

출생다찰토
出生多刹土하니

의지어풍륜
依止於風輪과

급이수륜주
及以水輪住로다

세계법여시
世界法如是하야

종종견부동
種種見不同이나

이실무유생
而實無有生이며

역부무멸괴
亦復無滅壞로다

낱낱 세계종 가운데
겁화가 타서 부사의함이라
나타난 것은 비록 깨어지고 더러우나
그곳은 항상 견고하도다.

중생들의 업력을 따라
많은 세계를 출생하니
풍륜과 수륜을
의지하여 머무르도다.

세계의 법이 이와 같아서
갖가지로 같지 않음을 보나
실은 생겨남도 없으며
또한 다시 멸하여 무너짐도 없도다.

일일심념중
一一心念中에

출생무량찰
出生無量刹호대

이불위신력
以佛威神力으로

실견정무구
悉見淨無垢로다

유찰니토성
有刹泥土成하야

기체심견경
其體甚堅鞭하며

흑암무광조
黑闇無光照하니

악업자소거
惡業者所居로다

유찰금강성
有刹金剛成하야

잡염대우포
雜染大憂怖라

고다이락소
苦多而樂少하니

박복지소처
薄福之所處로다

낱낱 생각 가운데
한량없는 세계를 출생하되
부처님의 위신력으로
깨끗하여 때가 없음을 다 보도다.

어떤 세계는 진흙으로 이루어져
그 체성이 매우 굳으며
캄캄하여 빛이 없으니
악업을 지은 이가 사는 곳이로다.

어떤 세계는 금강으로 이루어졌으나
잡되고 물들어 크게 근심하고 두려움이라
고통은 많고 즐거움은 적으니
박복한 이가 사는 곳이로다.

혹유용철성
或有用鐵成하고

혹이적동작
或以赤銅作하며

석산험가외
石山險可畏하니

죄악자충만
罪惡者充滿이로다

찰중유지옥
刹中有地獄하니

중생고무구
衆生苦無救라

상재흑암중
常在黑闇中하야

염해소소연
燄海所燒然이로다

혹부유축생
或復有畜生하니

종종추루형
種種醜陋形이라

유기자악업
由其自惡業하야

상수제고뇌
常受諸苦惱로다

혹 어떤 곳은 철로 이루어졌고
혹은 붉은 구리로 되었으며
돌산이 험하여 가히 두려우니
죄악을 지은 이가 가득하도다.

세계 중에 지옥이 있으니
중생들의 고통을 구제할 수 없으며
항상 캄캄한 속에 있어서
불꽃 바다가 태우는 곳이로다.

혹은 또 축생이 있으니
갖가지 누추한 형상이라
그 스스로의 악업 때문에
항상 모든 고뇌를 받도다.

혹견염라계
或見閻羅界하니

기갈소전핍
飢渴所煎逼이라

등상대화산
登上大火山하야

수제극중고
受諸極重苦로다

혹유제찰토
或有諸刹土는

칠보소합성
七寶所合成이라

종종제궁전
種種諸宮殿이

사유정업득
斯由淨業得이로다

여응관세간
汝應觀世間하라

기중인여천
其中人與天이

정업과성취
淨業果成就하야

수시수쾌락
隨時受快樂이로다

혹은 염라세계를 보니
기갈에 핍박 받으며
큰 화산에 올라가서
모든 극중한 고통을 받도다.

혹 어떤 많은 세계는
칠보로 합성되었는데
갖가지 모든 궁전들이
청정한 업으로 되었도다.

그대들은 세간을 보라
그 가운데 사람과 하늘이
청정한 업의 결과를 성취하여
때를 따라 쾌락을 받도다.

일일모공중
一一毛孔中에

억찰부사의
億刹不思議라

종종상장엄
種種相莊嚴호대

미증유박애
未曾有迫隘로다

중생각각업
衆生各各業으로

세계무량종
世界無量種이라

어중취착생
於中取著生하야

수고락부동
受苦樂不同이로다

유찰중보성
有刹衆寶成하야

상방무변광
常放無邊光이라

금강묘련화
金剛妙蓮華로

장엄정무구
莊嚴淨無垢로다

낱낱 모공 가운데
억 세계가 부사의하여
갖가지 모양으로 장엄하되
일찍이 비좁거나 궁색한 적이 없도다.

중생들 각각의 업으로
세계가 한량없는 종류라
그 가운데서 집착을 내어
고락을 받음이 같지 않도다.

어떤 세계는 온갖 보배로 이루어져
항상 가없는 광명을 놓고
금강의 미묘한 연꽃으로
깨끗이 장엄하여 때가 없도다.

유찰광위체
有刹光爲體하야

의지광륜주
依止光輪住라

금색전단향
金色栴檀香과

염운보조명
燄雲普照明이로다

유찰월륜성
有刹月輪成하야

향의실주포
香衣悉周布라

어일연화내
於一蓮華內에

보살개충만
菩薩皆充滿이로다

유찰중보성
有刹衆寶成하야

색상무제구
色相無諸垢라

비여천제망
譬如天帝網하야

광명항조요
光明恒照耀로다

어떤 세계는 광명으로 체성이 되어
광명 바퀴를 의지하여 머무르며
금색 전단향과
불꽃구름이 널리 밝게 비치도다.

어떤 세계는 달로 이루어져
향기옷이 다 두루 펼쳐져있고
한 연꽃 안에
보살들이 다 충만하도다.

어떤 세계는 온갖 보배로 이루어져
색상이 모든 때가 없으며
마치 제석천의 그물같이
광명이 항상 비치도다.

유찰향위체
有刹香爲體요

마니광영형
摩尼光影形이라

혹시금강화
或是金剛華와

관찰심청정
觀察甚淸淨이로다

혹유난사찰
或有難思刹은

화불개충만
化佛皆充滿이요

화선소성취
華旋所成就라

보살보광명
菩薩普光明이로다

혹유청정찰
或有淸淨刹은

묘지포도량
妙枝布道場하고

실시중화수
悉是衆華樹라

음이마니운
蔭以摩尼雲이로다

어떤 세계는 향기로 체성이 되고
혹은 금강꽃과
마니광명 그림자 형상이라
관찰하기에 매우 청정하도다.

혹 어떤 생각하기 어려운 세계는
꽃둘레로 이루어졌으며
화신 부처님이 모두 충만하시고
보살들이 널리 광명 놓도다.

혹 어떤 청정한 세계는
모두가 온갖 꽃과 나무들이라
미묘한 가지들이 도량에 펼쳐지고
마니구름으로 덮어 가렸도다.

유찰정광조
有刹淨光照하야

금강화소성
金剛華所成이며

유시불화음
有是佛化音으로

무변열성망
無邊列成網이로다

유찰여보살
有刹如菩薩의

마니묘보관
摩尼妙寶冠하며

혹유여좌형
或有如座形하니

종화광명출
從化光明出이로다

혹시전단말
或是栴檀末과

혹시미간광
或是眉閒光과

혹불광중음
或佛光中音으로

이성사묘찰
而成斯妙刹이로다

어떤 세계는 청정한 광명이 비치어
금강꽃으로 이루어졌으며
어떤 곳은 부처님의 변화한 음성으로
가없이 펼쳐져 그물을 이루었도다.

어떤 세계는 보살의
마니로 된 묘한 보배 관과 같으며
혹 어떤 세계는 좌대 형상과 같으니
변화한 광명으로부터 나왔도다.

혹은 전단 가루와
혹은 미간의 광명과
혹은 부처님 광명 가운데 음성으로
이 묘한 세계를 이루었도다.

혹견청정찰
或見淸淨刹이

이일광장엄
以一光莊嚴하며

혹견다장엄
或見多莊嚴하니

종종개기묘
種種皆奇妙로다

혹용십국토
或用十國土의

묘물작엄식
妙物作嚴飾하며

혹이천토중
或以千土中의

일체위장교
一切爲莊校로다

혹이억찰물
或以億刹物로

장엄어일토
莊嚴於一土하니

종종상부동
種種相不同하야

개여영상현
皆如影像現이로다

혹은 청정한 세계가
한줄기 광명으로 장엄함을 보며
혹은 많은 장엄을 보니
갖가지가 다 기묘하도다.

혹은 열 국토의
미묘한 물건들로 장식하였고
혹은 천 국토 중의
일체로 장식하였도다.

혹은 일억 세계 물건들로
한 국토를 장엄하니
갖가지 모양이 같지 않아서
모두 영상처럼 나타났도다.

불가설토물
不可說土物로

장엄어일찰
莊嚴於一刹하야

각각방광명
各各放光明하니

여래원력기
如來願力起로나

혹유제국토
或有諸國土는

원력소정치
願力所淨治라

일체장엄중
一切莊嚴中에

보견중찰해
普見衆刹海로다

제수보현원
諸修普賢願하야

소득청정토
所得淸淨土는

삼세찰장엄
三世刹莊嚴이

일체어중현
一切於中現이로다

말할 수 없는 국토의 물건들로
한 세계를 장엄하여
각각 광명을 놓으니
여래의 원력으로 일어났도다.

혹 어떤 많은 국토들은
원력으로 청정하게 닦은 바라
일체 장엄 가운데서
온갖 세계바다를 널리 보도다.

보현의 원을 모두 닦아서
얻은 바 청정한 국토는
삼세의 세계 장엄들
일체가 그 가운데 나타나도다.

불자여응관
佛子汝應觀

찰종위신력
刹種威神力하라

미래제국토
未來諸國土를

여몽실령견
如夢悉令見이로다

시방제세계
十方諸世界에

과거국토해
過去國土海가

함어일찰중
咸於一刹中에

현상유여화
現像猶如化로다

삼세일체불
三世一切佛과

급이기국토
及以其國土를

어일찰종중
於一刹種中에

일체실관견
一切悉觀見이로다

불자들이여, 그대들은 마땅히
세계종의 위신력을 관해보라
미래의 모든 국토를
꿈과 같이 다 보게 하도다.

시방의 모든 세계에
과거 국토바다가
모두 한 세계 가운데
형상을 나타냄이 화현한 듯하도다.

삼세의 일체 부처님과
그리고 그 국토들을
한 세계종 가운데서
일체를 다 관해보도다.

일체불신력
一切佛神力으로

진중현중생
塵中現衆生커든

종종실명견
種種悉明見하니

여영무진실
如影無眞實이로다

혹유중다찰
或有衆多刹은

기형여대해
其形如大海하며

혹여수미산
或如須彌山하니

세계부사의
世界不思議로다

유찰선안주
有刹善安住하야

기형여제망
其形如帝網하며

혹여수림형
或如樹林形하니

제불만기중
諸佛滿其中이로다

일체 부처님의 위신력으로
티끌 속에 중생들을 나타내시되
갖가지를 다 밝게 보이시니
그림자 같아 진실함이 없도다.

혹 어떤 많은 세계는
그 형상이 큰 바다 같으며
혹은 수미산과 같으니
세계가 부사의하도다.

어떤 세계는 잘 안주하여
그 형상이 제석천 그물과 같으며
혹은 나무숲의 형상과 같으니
모든 부처님께서 그 가운데 충만하시도다.

혹작보륜형
或作寶輪形하고

혹유연화상
或有蓮華狀하며

팔우비중식
八隅備衆飾하니

종종실청정
種種悉淸淨이로다

혹유여좌형
或有如座形하고

혹부유삼우
或復有三隅하며

혹여거륵가
或如佉勒迦와

성곽범왕신
城郭梵王身이로다

혹여천주계
或如天主髻하고

혹유여반월
或有如半月하며

혹여마니산
或如摩尼山하고

혹여일륜형
或如日輪形이로다

혹은 보배 바퀴 형상을 짓고
혹은 연꽃 형상이 있으며
여덟 모에 온갖 장식을 갖추었으니
갖가지가 다 청정하도다.

혹 어떤 것은 좌대 형상과 같고
혹은 또 세모도 있으며
혹은 대바구니와
성곽과 범왕의 몸과 같도다.

혹은 하늘 주인의 상투와 같고
혹은 반달과 같으며
혹은 마니산과 같고
혹은 태양의 형상과 같도다.

혹유세계형　　　　　　비여향해선
或有世界形은　　　　**譬如香海旋**하며

혹작광명륜　　　　　　불석소엄정
或作光明輪하니　　　　**佛昔所嚴淨**이로다

혹유윤망형　　　　　　혹유단선형
或有輪輞形하고　　　　**或有壇墠形**하며

혹여불호상　　　　　　육계광장안
或如佛毫相과　　　　　**肉髻廣長眼**이로다

혹유여불수　　　　　　혹여금강저
或有如佛手하고　　　　**或如金剛杵**하며

혹여염산형　　　　　　보살실주변
或如燄山形하니　　　　**菩薩悉周徧**이로다

혹 어떤 세계의 형상은

마치 향수해의 소용돌이 같으며

혹은 광명바퀴를 지으니

부처님께서 옛적에 깨끗이 장엄하신 바로다.

혹은 수레바퀴 테의 형상도 있고

혹은 제단의 형상도 있으며

혹은 부처님의 백호상과

육계와 넓고 긴 눈과도 같도다.

혹은 부처님 손과 같고

혹은 금강저와 같으며

혹은 불꽃 산의 형상과 같으니

보살들이 다 두루하도다.

혹 여 사 자 형
或如師子形하고

혹 여 해 방 형
或如海蚌形하니

무 량 제 색 상
無量諸色相이여

체 성 각 차 별
體性各差別이로다

어 일 찰 종 중
於一刹種中에

찰 형 무 유 진
刹形無有盡하니

개 유 불 원 력
皆由佛願力으로

호 념 득 안 주
護念得安住로다

유 찰 주 일 겁
有刹住一劫하고

혹 주 어 십 겁
或住於十劫하며

내 지 과 백 천
乃至過百千과

국 토 미 진 수
國土微塵數로다

혹은 사자의 형상과 같고
혹은 바다의 조개 형상과 같으니
한량없는 모든 색과 형상들이여
체성이 각각 차별하도다.

한 세계종 가운데
세계의 형상이 다함없으니
모두 부처님의 원력으로
보호하고 염려하셔서 안주함을 얻도다.

어떤 세계는 한 겁 동안 머무르고
혹은 열 겁 동안 머무르며
내지 백천과
국토 미진수를 지나도다.

혹어일겁중
或於一劫中에

견찰유성괴
見刹有成壞하며

혹무량무수
或無量無數로

내지부사의
乃至不思議로다

혹유찰유불
或有刹有佛하고

혹유찰무불
或有刹無佛하며

혹유유일불
或有唯一佛이요

혹유무량불
或有無量佛이로다

국토약무불
國土若無佛이면

타방세계중
他方世界中에

유불변화래
有佛變化來하사

위현제능사
爲現諸能事하나니

혹은 한 겁 중에
세계가 이루어지고 무너짐이 있음을 보며
혹은 한량없고 수없으며
내지 부사의하도다.

혹 어떤 세계는 부처님이 계시고
혹 어떤 세계는 부처님이 안 계시며
혹은 오직 한 부처님만 계시고
혹은 한량없는 부처님이 계시도다.

국토에 만약 부처님이 안 계시면
타방 세계 가운데서
부처님께서 변화하여 오셔서
모든 불사를 나타내시도다.

몰천여강신
沒天與降神하시며

처태급출생
處胎及出生하시며

항마성정각
降魔成正覺하사

전무상법륜
轉無上法輪하사대

수중생심락
隨眾生心樂하야

시현종종상
示現種種相하사

위전묘법륜
爲轉妙法輪하야

실응기근욕
悉應其根欲이로다

일일불찰중
一一佛剎中에

일불출흥세
一佛出興世하사

경어억천세
經於億千歲토록

연설무상법
演說無上法이로다

도솔천에서 나오고 신령을 내리시며
태에 들어가고 또 출생하시며
마군을 항복받고 정각을 이루셔서
위없는 법륜을 굴리시도다.

중생들 마음에 즐거함을 따라서
갖가지 모양을 나타내 보이시고
위하여 미묘한 법륜을 굴리셔서
그 근성과 욕망에 다 맞추시도다.

낱낱 부처님 세계 가운데
한 부처님께서 세상에 출현하셔서
억천 세를 지나도록
위없는 법을 연설하시도다.

중생비법기
眾生非法器면

불능견제불
不能見諸佛이어니와

약유심락자
若有心樂者는

일체처개견
一切處皆見이로다

일일찰토중
一一刹土中에

각유불흥세
各有佛興世하시니

일체찰중불
一切刹中佛을

억수부사의
億數不思議로다

차중일일불
此中一一佛이

현무량신변
現無量神變하사

실변어법계
悉徧於法界하야

조복중생해
調伏眾生海로다

중생이 법그릇이 아니면
능히 모든 부처님을 보지 못하나
만약 마음에 즐겨함이 있는 이는
일체 처소에서 다 보리라.

낱낱 세계 가운데
각각 부처님께서 세상에 출현하시니
일체 세계 가운데 부처님이
억수로 부사의하도다.

이 가운데 낱낱 부처님께서
한량없는 신통 변화를 나타내셔서
법계에 다 두루하시어
중생바다를 조복하시도다.

유찰무광명
有刹無光明하야

흑암다공구
黑闇多恐懼라

고촉여도검
苦觸如刀劒하야

견자자산독
見者自酸毒이로다

혹유제천광
或有諸天光하고

혹유궁전광
或有宮殿光하며

혹일월광명
或日月光明이라

찰망난사의
刹網難思議로다

유찰자광명
有刹自光明이요

혹수방정광
或樹放淨光하야

미증유고뇌
未曾有苦惱하니

중생복력고
衆生福力故로다

어떤 세계는 광명이 없어서
어둡고 캄캄하여 매우 두려우며
고통이 칼로 베는 듯하여
보는 이가 절로 비통하도다.

혹은 모든 하늘의 광명이 있고
혹은 궁전의 광명이 있으며
혹은 해와 달의 광명이라
세계 그물을 생각하기 어렵도다.

어떤 세계는 스스로 광명이 있고
혹은 나무가 깨끗한 광명을 놓아서
일찍이 고뇌가 있지 않으니
중생들의 복력 때문이로다.

혹유산광명
或有山光明하고

혹유마니광
或有摩尼光하며

혹이등광조
或以燈光照하니

실중생업력
悉衆生業力이로다

혹유불광명
或有佛光明하야

보살만기중
菩薩滿其中하며

유시연화광
有是蓮華光으로

염색심엄호
燄色甚嚴好로다

유찰화광조
有刹華光照하고

유이향수조
有以香水照하며

도향소향조
塗香燒香照하니

개유정원력
皆由淨願力이로다

혹은 산의 광명이 있고
혹은 마니의 광명이 있으며
혹은 등 광명이 비치니
모두 중생들의 업력이로다.

혹은 부처님 광명이 있어서
보살들이 그 가운데 가득하며
혹은 이 연꽃 광명으로서
불꽃색이 매우 아름답도다.

어떤 세계는 꽃 광명이 비치고
어떤 세계는 향수가 비치며
바르는 향과 사르는 향이 비치니
다 청정한 원력을 말미암음이로다.

유 이 운 광 조
有以雲光照하고

마 니 방 광 조
摩尼蚌光照하며

불 신 력 광 조
佛神力光照하야

능 선 열 의 성
能宣悅意聲이로다

혹 이 보 광 조
或以寶光照하고

혹 금 강 염 조
或金剛燄照하야

정 음 능 원 진
淨音能遠震하니

소 지 무 중 고
所至無衆苦로다

혹 유 마 니 광
或有摩尼光이요

혹 시 엄 구 광
或是嚴具光이며

혹 도 량 광 명
或道場光明으로

조 요 중 회 중
照耀衆會中이로다

어떤 곳은 구름 광명이 비치고
마니 조개 광명이 비치며
부처님의 위신력 광명이 비쳐서
능히 즐거운 소리를 내도다.

혹은 보배 광명이 비치고
혹은 금강 불꽃이 비쳐서
청정한 음성이 능히 멀리까지 진동하니
이르는 곳마다 온갖 고통을 없애도다.

혹은 마니의 광명이고
혹은 장엄구의 광명이며
혹은 도량의 광명이
회중 가운데 밝게 비추도다.

불방대광명
佛放大光明하시니

화불만기중
化佛滿其中이라

기광보조촉
其光普照觸하야

법계실주변
法界悉周徧이로다

유찰심가외
有刹甚可畏하야

호규대고성
嘷叫大苦聲하니

기성극산초
其聲極酸楚하야

문자생염포
聞者生厭怖로다

지옥축생도
地獄畜生道와

급이염라처
及以閻羅處는

시탁악세계
是濁惡世界라

항출우고성
恒出憂苦聲이로다

부처님께서 큰 광명을 놓으시니

화신 부처님이 그 가운데 충만하시며

그 광명이 널리 비쳐서

법계에 다 두루하도다.

어떤 세계는 매우 무서워서

큰 고통 소리를 부르짖으니

그 소리가 극히 처참하여

듣는 이가 싫어하고 두려워하도다.

지옥과 축생도와

그리고 염라 처소는

혼탁하고 악한 세계라

항상 근심하고 고통받는 소리가 나도다.

혹유국토중
或有國土中엔

상출가락음
常出可樂音하야

열의순기교
悅意順其教하니

사유정업득
斯由淨業得이로다

혹유국토중
或有國土中엔

항문제석음
恒聞帝釋音하며

혹문범천음
或聞梵天音과

일체세주음
一切世主音이로다

혹유제찰토
或有諸刹土는

운중출묘성
雲中出妙聲이라

보해마니수
寶海摩尼樹와

급악음변만
及樂音徧滿이로다

혹 어떤 국토 중에는

즐거운 소리를 항상 내어서

기꺼이 그 가르침을 따르니

이것은 청정한 업을 말미암은 것이로다.

혹 어떤 국토 중에는

항상 제석의 소리를 들으며

혹 범천의 소리와

일체 세주들의 소리를 듣도다.

혹 어떤 여러 세계는

구름 속에서 미묘한 소리를 내고

보배바다와 마니나무와

그리고 음악 소리가 두루 가득하도다.

제불원광내
諸佛圓光內에

화성무유진
化聲無有盡이며

급보살묘음
及菩薩妙音이

주문시방찰
周聞十方刹이로다

불가사의국
不可思議國에

보전법륜성
普轉法輪聲과

원해소출성
願海所出聲과

수행묘음성
修行妙音聲이로다

삼세일체불
三世一切佛이

출생제세계
出生諸世界하시니

명호개구족
名号皆具足하고

음성무유진
音聲無有盡이로다

모든 부처님의 둥근 광명 속에
교화하는 소리가 다함없으며
그리고 보살의 미묘한 음성이
시방세계에 두루 들리도다.

불가사의한 국토에
널리 법륜을 굴리는 소리와
서원바다에서 나는 소리와
수행하는 미묘한 음성이로다.

삼세의 일체 부처님께서
모든 세계에 출생하시니
명호가 다 구족하시고
음성이 다함없으시도다.

혹유찰중문
或有刹中聞

일체불력음
一切佛力音하니

지도급무량
地度及無量이여

여시법개연
如是法皆演이로다

보현서원력
普賢誓願力으로

억찰연묘음
億刹演妙音하니

기음약뢰진
其音若雷震하야

주겁역무진
住劫亦無盡이로다

불어청정국
佛於淸淨國에

시현자재음
示現自在音하시니

시방법계중
十方法界中에

일체무불문
一切無不聞이로다

71

〈大方廣佛華嚴經 卷第十〉

혹 어떤 세계 중에서는
일체 부처님 위신력의 음성을 들으니
지위와 바라밀과 그리고 무량이라
이러한 법을 다 연설하도다.

보현보살 서원의 힘으로
억 세계에서 묘음을 연설하니
그 소리가 우레와 같아서
머무는 겁도 또한 다함없도다.

부처님께서 청정한 국토에서
자재한 음성을 나타내 보이시니
시방 법계 가운데
일체가 듣지 못함이 없도다.

〈대방광불화엄경 제10권〉

大方廣佛華嚴經
─ 부록

·

대방광불화엄경 목차

·

간행사

대방광불화엄경
목차

간 행 사

　귀의삼보 하옵고,

『대방광불화엄경』의 수지 독송과 유통을 발원하면서 수미정사 불전연구원에서 『독송본 한문·한글역 대방광불화엄경』과 『사경본 한글역 대방광불화엄경』을 편찬하여 간행하게 되었습니다.

『화엄경』은 우리나라에 전래된 이래 일찍부터 사경되고 주석·강설되어 왔으며 근현대에 이르러서는 『화엄경』의 한글 번역과 연구도 부쩍 많이 이루어졌습니다. 그만큼 『화엄경』이 우리 불자님들의 신행과 해탈에 큰 의지처가 되었던 것임을 알 수 있습니다.

『화엄경』을 독송하고 사경하는 공덕은 설법 공덕과 함께 크게 강조되어 왔습니다. 그리하여 수미정사 불전연구원에서도 『화엄경』(80권)을 독송하고 사경하는 데 도움이 되도록 한문 원문과 한글역을 함께 수록한 독송본과 한글역의 사경본 『화엄경』 간행불사를 발원하였습니다. 이 『화엄경』 간행불사에 뜻을 같이하여 적극 후원해주신 스님들과 재가 불자님들께 깊이 감사드립니다. 또한 『화엄경』을 수지 독송할 수 있도록 경책의 모습으로 장엄해 주신 편집위원들과 담앤북스 출판사 관계자들께도 고마움을 표합니다.

　끝으로 이 불사의 원만 회향으로 『화엄경』이 널리 유통되고, 온 법계에 부처님의 가피가 충만하시길 기원드립니다.

　나무 대방광불화엄경

불기 2564년 '부처님오신날'을 봉축하며
수미해주 합장

위태천신(동진보살)

수미해주 須彌海住

동국대학교 명예교수
중앙승가대학교 법인이사
대한불교조계종 수미정사 주지

독송본 한문·한글역
대방광불화엄경 제10권

| **초판 1쇄 발행**_ 2021년 2월 10일

| **엮은이**_ 수미해주
| **엮은곳**_ 수미정사 불전연구원
| **편집위원**_ 해주 수정 경진 선초 정천 석도 박보람 최원섭
| **편집보**_ 무이 무진 김지예

| **펴낸이**_ 오세룡
| **펴낸곳**_ 담앤북스
　　　　　서울특별시 종로구 새문안로3길 23 경희궁의 아침 4단지 805호
　　　　　대표전화 02)765-1251 전자우편 damnbooks@hanmail.net
　　　　　출판등록 제300-2011-115호
| **ISBN**_ 979-11-6201-272-7 04220